AF579367

A tutte le mie muse

e a Leonard, giovane poeta

dal cuore fragile

Fiori scheletro al chiaro di luna

Gli angeli sono fatti di stelle

Rosa d'alba
accompagna la quiete del risveglio
La tua luce,
tenue splendore confortante
rende incantevole
le tue dolci curve e
ciò che non mostri.
Sussurrami tenere parole
mentre impallidendo
ti lasci abbracciare dal sonno
e dici
buonanotte
a un nuovo giorno.

Snowflake in a hoodie

Oh, the comfort of
a hoodie
hiding what you want
to love,
so desperately
but you cannot
because if you
don't hate
that soft landscape
its beauty
its strength
you can't call yourself
You

I want to be

I want to be
the snowy wind
and slide
in your t-shirt,
caressing your neck
and arms,
making you shiver,
to remind you
how warm you are.

I want to be
the stars at night
and make
your sweet eyes
sparkle,
to reassure you
that there's always light
even when you can't
see it.

I want to be
the sun during spring
and kiss
your precious skin,
to show you
that you'll never be cold
and a new beginning
will always find you.

I want to be
the quiet rain
and wash
away your pain,
hugging your tears
and your body,
to lift
some weight off your
chest
and breathe
more easily.

She – Dead (name)

The person that answers to
that name
isn't me

it's her
everything you wanted
her to be
something they long for,
sometimes
someone they'll never be
again

You're killing someone
who's alive
calling for a ghost
that lives in memories,
in everyone's minds
but theirs.

Set her free,
don't call that name
ever again.

Let the dead go,
let the river flow.

Primavera

Arriverà il vento
e porterà via
le grigie nubi
che offuscano
la splendente luna
qual è il
tuo sorriso

Arriverà la pioggia
e laverà dolcemente
le stelle contenute
nei tuoi occhi

Arriverà il sole
e scioglierà presto
il gelo della
tua vibrante anima

Arriverà la vita
quella vera
e non dovrai
più cercare,
non dovrai più
cercarti,
perché ovunque andrai
avrai trovato in
te
casa.

Alga

Casa non ha mai avuto
nome.

Odo la canzone
del marinaio sulla
terraferma,
dice che
la mia anima
e la sua
sono simili.

I miei arti
sono onde
Il mare
è il mio cuore
Il sale
è un antenato
che accarezza le mie
labbra

Il bagnasciuga urla
un nome
che non mi appartiene

Ma io sento solo
il sussurro di casa:

“Bentornato.”

Tu non uccideresti (ma già l'hai fatto)

Abbiamo ucciso dio.

Ogni giorno muore
in un pezzo di anima
strappato dalle mani
di coloro che
si sentono sbagliati

E ogni giorno le sue
lacrime
scorrono sottoforma
di sangue
sgorgato dalla violenza

E le sue grida
di dolore
risuonano nei pianti
disperati
delle innocenti creature
che perdono la vita
e in cambio
ricevono
solo indifferenza.

Abbiamo ucciso dio
e continuiamo
ad ucciderlo
per poi pregare
al suo funerale.

My sun

Stars on my arms
and stars in your eyes
because you are
the light of my life
and you flow through
my veins

Hăi shì shān mēng (Promesse di montagne e voti di oceani)

Vengo a te
come un insetto
al tepore di una casa
negli ultimi giorni
d'autunno e
mi perdo
nelle tue braccia
accoglienti
come una goccia di
pioggia
nel lago placido,
respirando la pace
e l'amore che
emani.
Sei un rifugio
d'eterna sicurezza,
d'immensa bellezza;
volta celeste le cui
costellazioni
sono tracciate dalla
punta
soffice
dei miei polpastrelli.

Dal momento in cui
le nostre anime
si sono toccate,
si sono ritrovate,
fino a quando
saranno libere di
cercarsi di nuovo,
questa promessa
ti faccio:
di amarti
sempre,
di amarti
tanto,
di amarti
incondizionatamente.

Weeping Willow

Take me where
the mountains are green
and the grass
looks soft like
your big tender hands

Lay down with me
and let's watch the
clouds
grey and free
in a way I could never
be

Let me crave
the snow on top
and the horizon
that keeps me
from leaving my roots

And then let go
of my body
that you love holding
so close
to your heartbeat

Sing to me
while I drown
with my eyes open
in the cold lake

Grey like death

I feel like
an empty thing
that was once
a piece of art
so beautiful
and full of life

Now I'm just
a broken vase
They took all
my flowers
and my bees,
my precious little
friends
are crying

But no one
mourns and weeps
for me

Potevano essere i tuoi pensieri

Mi guardava con le stelle
nel cielo notturno
dei suoi occhi scuri
credendo fossero
il riflesso della mia luce

Non sapeva che
era il fuoco del suo amore
ad illuminarci
a bruciarci
a consumarla

ed io ero solo
una fiamma
nel suo incendio distruttivo,
sconvolgente e sconvolto,
di corpo celeste
che muore.

Boccioli d'inverno

Le margherite stanno fiorendo
ma io non le colgo
non le abbandono tra le pagine
di un libro
per dimenticarle in una
lettera che mai spedirò
perché il tuo amore
è appassito
e il mio no

No Way Out

No winter lasts forever
but this one seems to never end
Cold rain
on my frozen skin
Music to warm my heart
Thoughts darker
than the night sky
Soft lights that
hurt my eyes
The desire of happiness
and the desire to escape
from this place
from myself
from my life
But there's
no way out
because this winter never ends.

Distanza

L'oscurità nella stanza di
un mattino d'inverno

Le note di un piano,
è solo la sveglia

Il disappunto della fine
di un sogno inafferrabile.

Gli occhi cisposi,
una mano brancola sul comodino,
trova ciò che cerca.
Gli arti si allungano
avvolti dal tepore solitario.

"Buongiorno, amore"
un messaggio che porta
la primavera
in città,
nella stanza,
nell'anima.

Ignaro

Se ti guardo è perché
hai un cielo stellato
nelle iridi di miele,
un sorriso che porta
la primavera,
un viso che racchiude
infinite meraviglie.

Se ti ascolto è perché
preferisco la tua voce a
qualunque
canzone, alla pioggia e
al temporale,
perché la tua risata è
una melodia perfetta,
perché ogni tua parola è
preziosa quanto ogni
attimo
di silenzio.

Se ti scrivo è perché
quando ti guardo son
muta d'incanto,
quando ti ascolto non
oso
rivelarti i miei pensieri
di tenerezza dipinti.

Se ti adoro è perché
profumi di casa,
irradi sicurezza,
mi doni felicità.

The child is afraid

Sobbing violently
on the rain and the piano
so soft and broken
the night leaves you
breathless

And in its
pitch black
darkness
you drown in
your pain

Insonnia

Ti amo
nella luce soffusa
della mia stanza
alle due di notte
o quasi
e la musica è
poco più di
una carezza
e la pioggia è
una ninnananna
per te, mio angelo.

Lake

The only thing that's real
is the ache in my chest
and every painful breath
stings like tears that
won't be cried

Is this my last writing?
Perhaps
Perhaps

Perhaps you'll find me
and realize that
there was nothing beautiful
in me

It was your reflection
all along

Primavera ginevrina

Le fragole sono più dolci
a Ginevra
timido sentimento
che arrossisce
nell'incontrare
il verde delle tue lenti
enigmatiche

Oh, giovane frutto acerbo,
sei spuntato inaspettato
ed ora non so più
come prendermi cura
di te

Continuerai a farmi assaggiare
le tue tenere fragole?
O avvizzirai sotto il peso
di questi cocci mal riassestati?

Eos

I am the night
and when we meet,
we dance softly, and you
paint me in your colours,
and I can breathe,

And you kiss
my falling stars
one by one.

RINGRAZIAMENTI

Ai miei lettori e alle mie lettrici vecchi e nuovi, silenziosi e non, la mia costante. Grazie del supporto, della pazienza, della comprensione, dell'affetto e dell'entusiasmo con cui accogliete ogni mia nuova storia e raccolta.

Grazie a Leonard che mi incanta con la sua arte.

Grazie a J, la mia luna.

Grazie a Michael di essere stato la mia ispirazione per tante parole d'amore.

www.ingramcontent.com/pod-product-compliance
Lightning Source LLC
LaVergne TN
LVHW010515160826
845677LV00012B/2858

* 9 7 9 8 4 7 5 1 5 5 3 7 0 *